LA JUSTICE

LE VEUT.

Par N. MONGET.

Vous voulez être libres, et vous
ne savez pas être justes.
(Sièyes, 89.)

PARIS.
CHEZ L'AUTEUR, RUE DE L'ÉCHIQUIER, 28.
1849.

LA JUSTICE LE VEUT.

Vous voulez être libres, et vous
ne savez pas être justes.

(SIÈYES, 89.)

Une haine profonde de la violence, un ardent amour
de la justice peuvent seuls me déterminer à surmonter
la profonde répugnance que j'éprouve à me mêler aux
débats de la politique; mais un besoin irrésistible de
protestation s'empare du cœur de l'homme honnête,
lorsqu'il voit fouler aux pieds les droits immortels de
la raison.

Sans vouloir soulever de nouveau la question si ar-
dente, si menaçante de la légitimité du gouvernement
républicain en France (sous le point de vue de l'ins-
titution, s'entend, car c'est là seulement que gît
la difficulté), je ne veux parler ici que de quelques-unes
des victimes qu'il a faites, je ne dirai pas les plus nobles, mais les plus pures.

Si la consternation livide que la révolution de février
répandit sur tout le pays fut un instant calmée, c'est
par cette promesse solennelle, faite sur la place de
l'Hôtel-de-Ville, que le peuple serait appelé à se prononcer sur la forme du gouvernement qu'il voulait éta-
blir dans notre patrie. Elle émanait de cette minorité
loyale qui siégeait dans le gouvernement provisoire.
Mais cette faible fraction devait bientôt être vaincue
par les éléments, si divers, de violence et de haine dont

elle était entourée. Elle céda aux menaces , et, en ne protestant pas par sa retraite contre le décret qui proclamait la république, en se déjugeant si brusquement elle-même, en s'associant à cette usurpation, elle commit un acte que l'histoire jugera sévèrement.

Quand bien même le patriotisme de cette minorité eût été impuissant à dicter une noble conduite, comment les hommes qui la composaient n'ont-ils pas saisi avec un empressement avide un si digne motif de se séparer de cette troupe de gens qu'une révolution de hasard avait fait surgir des derniers rangs de la société pour les mettre un moment à la tête de la nation française , comme une de ces amères dérisions dont la fortune aime à abreuver le cœur de l'homme pour humilier son orgueil ! Les misérables considérations du jour, les expédients indignes l'emportèrent sur les principes sacrés du droit et de la raison, et la France fut plongée dans un abîme. Une fois vainqueur, ce parti, ignorant et aveugle, ne tarda pas à s'abandonner à ses funestes instincts.

Qu'en est-il advenu ? tout le monde le sait. Vivant au jour le jour, après bien des tempêtes, nous sommes arrivés à l'Assemblée nationale. Je ne m'occuperai que d'un seul de ses actes : le décret qui bannit à *perpétuité* la famille d'Orléans.

Comment se fait-il qu'une Assemblée , qui sait qu'elle *passe* dans le monde pour l'élite du peuple français, ait pu se laisser entraîner à cette puérilité d'insérer dans un pareil décret, ce mot : *perpétuité*. O vanité humaine ! les leçons de l'expérience ne te serviront-elles donc pas ? n'y verras-tu donc jamais un enseignement ?

Ce seul acte suffirait, à défaut de mille autres, pour attester que l'Assemblée n'a aucune saine notion de ce qui constitue l'esprit républicain. Si , en France , quelques individus en sont doués, ce sont ces rares philosophes qui, vivant dans les abstractions spéculatives beaucoup plus que dans la réalité, se sont créé des mœurs austères dont le vulgaire se rit, car il n'a pas l'intelligence de ce renoncement, de cette vertu dont l'antiquité nous a légué de si sublimes exemples, et qui ne peuvent s'allier qu'à ces principes de morale sévère et inflexible qu'on ne connaît plus de nos jours. Oui, ce sont là les seuls hommes dignes de porter le nom de républicains ; et, je n'hésite pas à le dire, aucun d'eux, s'il eût été consulté, n'aurait balancé un seul instant, malgré son inclination théorique, à déclarer que, dans son état actuel, le peuple français était tout-à-fait impropre à pratiquer et à faire fleurir des institutions complètement républicaines. Leur conscience leur eût fait un crime de lancer le pays dans les aventures d'une expérience aussi périlleuse ; car ce n'est pas la fortune ou le pouvoir que de pareils hommes ont en vue, c'est le bonheur de leurs concitoyens. Qu'y a-t-il de commun entre ces hommes et nos républicains d'aujourd'hui? Si on nous présentait un de nos montagnards lorsque nous demandons un républicain, nous croirions qu'on veut renouveler cette célèbre critique de Diogène, à l'endroit de la définition de l'homme de Platon, et qui, pour lui en démontrer l'insuffisance, jetait à ses pieds un coq plumé en s'écriant : « Voilà l'homme de Platon! »

Ah! Messieurs de la veille, vous vous dites républicains ; savez-vous ce que signifiait ce grand nom dans les rêves politiques de notre jeunesse ? Il voulait dire : vertu inflexible, patriotisme le plus ardent, abnégation, dévouement sans bornes ; ce grand nom, enfin, ne pouvait jamais se présenter à notre pensée sans revêtir la forme grandiose, surhumaine, d'un Aristide ou d'un Caton. Mais vous, Messieurs, qu'en avez-vous fait de ce nom ? vous l'avez travesti, vous l'avez prostitué; car que signifie-t-il aujourd'hui ? rien , si ce n'est...... Non, je ne veux pas vous le dire...., vous ne le savez que trop. Il ne nous apparaît plus maintenant que comme l'ombre d'Hector à Énée, souillé de fange et de sang, et, comme lui , nous pouvons nous écrier avec de douloureux regrets : *Quantum mutatus ab illo !*

Si l'amour du bien et de la justice avait guidé les hommes qui se sont emparés du pouvoir au 24 février, ils n'avaient qu'une marche à suivre; elle était tracée par les grands principes de liberté scientifique et de raison politique. Ils auraient dû dire : Le pouvoir issu de la révolution de 1830 a déserté son poste; il a abandonné la société, il n'existe plus. La France rentre dans la plénitude de ses droits, dans l'exercice de sa souveraineté. En conséquence , un simple mandataire provisoire sera chargé de pourvoir à la sûreté générale; son seul devoir politique devra être de faire l'appel au Peuple, afin de le mettre à même de manifester sa volonté. Deux questions lui seront adressées :

— Peuple, quelle forme de gouvernement veux-tu adopter , Monarchique ou Républicaine ?

— Dans le cas où tu adopterais la forme monarchique, à qui veux-tu décerner la couronne ?

Quelle qu'eût été la décision du Peuple, une Assemblée nationale devait être nommée pour constituer notre nouvelle organisation politique.

— Voilà les principes, ils sont bien simples; sans être un Solon ou un Minos, tout le monde pouvait les formuler, même les membres du gouvernement provisoire. Mais autre chose est la justice, autre chose est l'intérêt. Au lieu de ressusciter glorieusement ce grand droit du Peuple on l'a aboli ; au lieu de remettre avec intégrité ce précieux dépôt, on l'a dérobé, on a voulu confisquer la France au profit d'une coterie. Ce fut un nouveau triomphe de l'audace ; triomphe à jamais regrettable pour les honnêtes gens, qui ne voudraient jamais avoir à enregistrer que ceux de la légalité ; car le mal réel qui en résulte immédiatement est cent fois, mille fois moindre que le déplorable exemple qu'il lègue à la postérité et l'encouragement qu'il donne aux mauvaises passions.

La proclamation du retour à des sentiments de concorde fraternelle, un sincère oubli de toutes les défiances perfides devaient ouvrir les portes de la France à ceux qui, jusqu'aujourd'hui, avaient pu entretenir dans leur cœur le légitime orgueil de compter au nombre de ses enfants. Que font nos dictateurs ? au lieu de noyer leur haine dans l'amour du pays, ils proscrivent de nouveaux citoyens, ils sèment de nouveaux ferments de discordes : pourquoi donc s'étonner si nous ne recueillons que des guerres civiles.

Mais la basse passion de l'envie, en procédant par l'exclusion, ne peut pas se contraindre à des règles ; elle ne peut pas se formuler en système ; elle marche au hasard, aveuglément, cédant toujours à ses impulsions du moment sans jamais penser au lendemain. Aussi ne peut-elle éviter longtemps de se sentir blessée par ses propres coups. C'est ce que nous avons vu. Le décret qui frappait d'ostracisme la famille d'Orléans était à peine voté, qu'une immense voix, qui semblait protester contre cette rigueur qui n'est plus de nos jours, s'élevait de tous les coins de la France pour le flétrir en proclamant représentants du peuple les membres d'une famille qui, eux aussi, s'étaient vus proscrits, et l'étaient même encore.

Le danger était grand ; la leçon éclatante ; l'Assemblée pouvait essayer sa force contre le sentiment populaire qui la punissait si ouvertement de son défaut d'intelligence et de grandeur : elle recula.

Peut-on alléguer une raison quelconque en sa faveur dans cette tactique politique? peut-on y assigner un motif de valeur morale réelle ou apparente? Non; tous les principes en étaient violés de loyauté, de justice, de raison et d'intérêt.

De deux choses l'une : quand on constitue, ou quand on se constitue un pouvoir politique chargé de la direction d'un peuple, on ne peut pas agir comme ces enfants capricieux qui ne prennent pour conseillers de leurs déterminations que leurs impressions momentanées et fugitives; on doit adopter une règle quelconque bonne ou mauvaise ; on doit avoir un système. Or, ce système est fécond ou stérile, selon que l'on est mu par des sentiments nobles et élevés, ou par la pauvre et triste science que l'on nomme politique et dont les hommes les plus vulgaires inventeraient les préceptes s'ils ne les trouvaient tout formulés dans les œuvres de ce génie des petits esprits qu'on nomme Machiavel. On fait son choix enfin entre les grands principes de la justice ou les mesquines considérations de l'intérêt.

Eh bien! que voulait la justice? Elle voulait qu'on brisât avec toutes les vieilles traditions, et qu'au lieu de bannir, on abolît toutes ces lois de proscription dont le moindre défaut est de donner par l'éloignement un piédestal à des médiocrités. Nos hommes d'état n'ont-ils donc pas lu La Fontaine; la fable des bâtons flottants sera vraie de tous temps. On devait donc rappeler toutes espèces de Bourbons, toutes espèces de Bonapartes à venir se confondre et prendre leur place dans la grande famille de citoyens qu'on voulait régénérer. Voilà le principe absolu.

Si par un excès de scrupule qui aurait trouvé son excuse dans un sentiment un peu étroit, mais aussi, peut-être, plus à notre portée et à notre convenance ; si,

par un excès de patriotisme sincère ; si par une juste
horreur des dissensions civiles, on avait voulu élever
une barrière contre l'esprit de faction en bannissant
les prétendants, ce raisonnement pouvait s'admettre.
On pouvait se dire : « Nous voulons fonder une Répu-
» blique ; et pour vivre, nous ne devons pas négli-
» ger les conseils de la prudence qui nous crie de ne
» pas admettre dans le sein du pays des hommes dont
» les prétentions sont incompatibles avec l'existence
» de l'établissement politique qui a nos sympathies.
» Toutes les renonciations forcées et trompeuses qu'ils
» pourraient faire aux droits qu'ils croient avoir, quel-
» que formelles et solennelles qu'elle s puissent être,
» seraient impuissantes à calmer nos légitimes dé-
» fiances. Notre devoir de gardiens des libertés publi-
» ques et des volontés que nous *prétendons* nationales,
» s'oppose à ce que nous levions l'interdit qui pèse
» sur eux. Or, ces prétendants qui sont-ils ? Ce sont :
» le duc de Bordeaux, le comte de Paris et le prince
» Louis. Ce sont donc ces trois individus que, malgré
» notre aversion pour les mesures rigoureuses, vio-
» lentes, nous nous décidons à vouer à l'ostracisme,
» parce que nous sommes tyrannisés par la raison
» d'Etat. Mais comme le danger que nous redoutons
» est tout-à-fait personnel, qu'il ne peut pas se délé-
» guer, pour ainsi dire, et que tant que ces individus
» vivront, aucun de leurs proches ne peut s'autoriser
» des liens du sang pour s'armer contre nous, rien ne
» saurait motiver le bannissement des divers membres
» de leurs familles, et nous ne devons ni ne pouvons
» nous opposer à l'exercice de leurs droits de ci-
» toyens. »
Cette doctrine, qui est le terme moyen entre le su-
blime et l'arbitraire violent, et qui, par conséquent,
me paraîtrait devoir convenir à des hommes qui se

trouvent à la tête d'une société, cette doctrine, si elle n'émane pas rigoureusement des principes, est cependant applicable et méritait d'être discutée. Malheureusement, les hommes ne discutent pas, ils calculent ou se laissent entraîner au courant de leurs passions ; car comment expliquer autrement la détermination qui a été prise? On aura vraiment bien de la peine à la justifier dans l'histoire. C'est le seul intérêt du moment qui a tout décidé. Lui seul a fait commettre des contradictions grossières dans les actes de l'unique pouvoir de la nation; lui seul, en faisant prononcer l'exil des prétendants, a fait admettre le lendemain, dans le sein de l'Assemblée, celui d'entre eux qui s'était montré le plus jaloux de ses droits, qui n'avait reculé devant aucune tentative, aucune extravagance même, pour se poser en prétendant; celui qui, par cela même, avait enlevé à tout le monde la possibilité de ne pas le comprendre dans cette première catégorie d'exclus. C'est le seul besoin du jour qui, alors qu'on condamnait à errer en proscrits les membres de deux familles, faisait admettre purement et simplement tous ceux de la troisième, sans que seulement une voix se soit élevée pour faire ressortir l'inqualifiable injustice, la révoltante indignité d'une pareille partialité! Et voilà ce qu'on ose décorer du nom de politique! C'est en dévoilant une telle versatilité, une telle inconséquence dans les actes, une telle ignorance, non pas de ce qui est grandeur, mais respect de soi-même, qu'on espère fonder une autorité capable de pousser des racines profondes dans notre pays! Il n'est pas permis de l'espérer. Je ne crois pas qu'un pouvoir quelconque puisse vivre sans s'appuyer sur la justice; il n'y a pas de justice sans impartialité.

Comment donc l'Assemblée nationale a-t-elle pu, en bannissant les prétendants, admettre le prince

Louis? Comment en bannissant les membres des familles des prétendants a-t-elle pu admettre tous ceux de la famille Bonaparte? Quels sont ses principes! Quel est son système? Elle n'en a pas, elle a flotté au gré des besoins d'une politique sans élévation et sans lendemain.

Proscrivant les prétendants, il fallait les proscrire tous ; proscrivant les familles des prétendants, il fallait les proscrire toutes ; admettant un prétendant et sa famille, il fallait les admettre tous et toutes.

L'essence divine de la justice s'oppose à ce que l'on compose avec elle ; elle ne souffre pas de transactions; elle les flétrit car elle en est outragée. Mais, même en descendant de ces hauteurs et en ne considérant l'acte de l'Assemblée nationale qu'au point de vue de son étroite politique, on s'en étonne encore; car la logique la plus vulgaire vous dit qu'il faut au moins avoir les qualités de ses défauts, et que puisqu'elle se déterminait à proclamer solennellement, par son nouveau décret de bannissement, qu'elle persistait dans les vieux errements d'un passé au-dessus duquel ne sait pas s'élever l'esprit qui l'anime, il allait en profiter contre tous. Mais le courage a failli ; et c'est pour avoir manqué de suite et de fermeté dans sa mauvaise politique même, que l'Assemblée nationale éprouva un échec cruel en voyant, quelques mois après, nommer malgré tous ses efforts Président de la République celui que, par inconséquence, elle n'avait pas proscrit; celui en faveur duquel elle avait méconnu les lois de la justice. C'est là son châtiment.

Longtemps j'avais cru que, tirant de cet événement la moralité qu'il renferme, l'Assemblée revenue à des sentiments d'impartialité honorable, je peux même dire d'humanité, aurait réparé l'indignité dont les princes de la famille d'Orléans ont été victimes. Mais, maintenant, il est trop tard ; chaque jour qui passe emporte une partie de nos espérances et abreuve des poisons de l'exil le cœur de citoyens dont le malheur immérité, sans cause, sans prétexte, doit exciter les plus vives sympathies chez tous les hommes qui ne sont pas inaccessibles à cette compassion sainte que fait naître dans l'âme humaine le spectacle d'une adversité injuste et noblement supportée. J'aurais souhaité, pour l'honneur de mon pays , pour la dignité de la République, voir mettre au néant ce décret cruel. Mais puisque l'Assemblée nationale manque de cette grandeur qui sait d'elle-même reconnaître une faute et la réparer, il ne nous reste plus qu'à en appeler au Peuple du jugement de ses mandataires ; et en faisant cet appel à son sens droit et à ses instincts généreux , nous ne sommes pas soutenus par la seule espérance , nous attendons son arrêt avec le calme de la certitude.

Le suffrage universel est comme le feu ardent qui épure et vivifie tout ce qu'il ne consume pas; c'est un fleuve dont les eaux, bienfaisantes comme celles du Lethé et de la fontaine de Jouvence, jettent un voile sur le passé et redonnent la force et la pureté de la jeunesse à ceux qui en sortent après s'y être plongés. C'est notre suprême loi; c'est le majestueux tribunal devant lequel tout citoyen peut appeler de la sentence qui le frappe. Ce droit est incontestable ; il est évident comme le soleil: les aveugles seuls peuvent, non pas le nier, mais en douter. Rien n'est en dehors de sa compétence ; tout ce qu'il en juge digne relève de sa juridiction. Ce serait un crime de lèse-nation que de contester ce droit au Peuple. Mais si jamais une telle pensée pouvait naître dans une intention perfide , la jurisprudence en pareille matière a été fondée récemment d'une façon trop éclatante pour qu'on puisse contester notre opinion avec quelque chance de succès.

Après la révolution de février, le suffrage universel

déchirant les lois de proscription qui frappait les Bonapartes, a proclamé représentants du peuple tous les
membres de cette famille qui briguèrent cet honneur.
Personne ne s'est levé pour protester contre cet acte
souverain. C'est que toute protestation eût été un at-
tentat contre le seul grand principe qui soit resté
debout dans nos tempêtes révolutionnaires : la souveraineté du peuple manifestée par le suffrage universel.

Ce que nous venons demander aujourd'hui à nos
concitoyens, c'est de briser également par le seul
souffle de leur vote les entraves que l'on veut mettre à
l'exercice de ce droit souverain ; c'est de dissiper par
le seul rayonnement de la volonté publique ces nua-
ges que de vaines craintes ou la hideuse envie se sont
plues à jeter sur quelques-uns de nos frères; c'est de
leur tendre la main pour les aider à sortir de l'exil,
ce tombeau où l'on veut les ensevelir vivants.

Les élections générales approchent, Peuple, prête
quelques instants l'oreille à la voix de ta conscience, et
exécute courageusement l'ordre qu'elle t'aura dicté.
Demande-toi pourquoi tu ne donnerais pas ton mandat
à des hommes qui se nomment Nemours, Joinville,
d'Aumale, Montpensier? Quelle faute peux-tu leur re-
procher? Quel est leur crime? Pourquoi te rendrais-tu
complice de cette loi barbare qui en fait des parias? Si
tu en trouves de plus dignes, soit, choisis-les; mais n'ou-
blie pas que ceux qui les poursuivent de leur vengeance
agissent comme cet Athénien qui, ne pouvant motiver
son bulletin d'ostracisme contre Aristide, se bornait à
dire qu'il lui déplaisait de l'entendre toujours appeler *le
Juste.* Rappelle-toi que les fils d'Orléans n'ont pas été
élevés en princes, mais en citoyens, comme nous tous;
qu'ils ont vécu de la même vie ; qu'ils se sont nourris des
mêmes idées. Il n'y a que ceux qui ont un parti pris de
haine contre tout ce qui est distingué et honora-

ble, qui puissent ne pas convenir que leurs sentiments de libéralisme étaient fréquemment la cause de dissensions dans le palais des Tuileries, et que plusieurs d'entre eux, à différentes reprises, ont payé d'une disgrâce, souvent prolongée et rigoureuse, la franchise avec laquelle ils exprimaient leurs sympathies pour les opinions populaires et les libertés publiques. — Peuple ! ne te rappelleras-tu pas avec quelle ardeur, avec quel enthousiasme ils saisissaient toutes les occasions que la fortune leur offrait d'acheter au prix de leur sang et des plus pénibles travaux la gloire d'occuper dignement la place que la Constitution du pays leur avait faite? Sont-ils coupables de cette Constitution? Ont-ils brigué, ont-ils ambitionné les honneurs que la loi leur décernait ? Ah ! pour qui les connaît ces fils de Louis-Philippe, ils les ont bien plutôt subis qu'enviés ces honneurs ! Pourquoi faut-il que le voile de modestie et de douleur dans lequel ils s'enveloppent pour cacher au moins leurs larmes à la curiosité barbare des étrangers qui les entourent, n'ait pas laissé arriver jusqu'à nous les nobles et amères paroles qui s'échappaient de leur cœur lorsqu'ils avaient à subir les visites de nos nouveaux émigrés !... Ils ne voyaient que des déserteurs dans tous ceux qui, aux époques funestes de nos discordes civiles, franchissaient l'Océan pour venir les consoler. C'est que leur cœur est resté parmi nous, et qu'il n'est pas une seule de nos douleurs qu'ils n'aient ressentie encore plus vive et plus intolérable au milieu de leur solitude.

Amis, élevons donc notre âme au niveau de leur patriotisme ; faisons taire ces vaines considérations de partis indignes de dicter la conduite d'un grand peuple; montrons par un acte éclatant de justice que nous n'avons pas perdu la tradition de cette antique loyauté française ; *soyons dignes, enfin, du sang dont nous sortons !*

J'adjure tous mes concitoyens de voter, aux prochaines élections, la main sur la conscience ; c'est la seule condition du succès de l'acte réparateur que je sollicite pour notre honneur. La Justice le veut.

Ce sont de bons citoyens que vous voulez nommer pour vos représentants ; eh bien ! rappelez-vous que si le sang n'a pas coulé en février, c'est que les fils de Louis-Philippe, présents à Paris, éprouvaient une horreur invincible à jouer un rôle dans une guerre civile et à s'armer contre leurs concitoyens ! Rappelez-vous le noble exemple de dévoûment et d'abnégation que donnèrent ceux qui étaient alors sur la terre d'Afrique. Entourés d'une armée nombreuse et aguerrie, maîtres de la flotte dont l'enthousiasme pouvait enivrer son jeune chef et l'entraîner à venir consulter le vœu national ; pressés des sollicitations les plus vives, les plus ardentes ; soutenus par une popularité immense qui assurait un triomphe facile, rappelez-vous qu'un seul sentiment les fit renoncer sans hésitation, sans faste, avec cette simplicité antique qui est la compagne obligée de la vertu, aux prestigieuses tentations que devait faire naître dans leur jeune imagination les chances de succès que présentait une si grande entreprise. Ils pouvaient imiter César passant le Rubicon ; ils préférèrent donner au monde le plus grand et le plus noble exemple de dévoûment à la patrie. Au rôle de héros ils préférèrent celui de bons citoyens. Trouveront-ils dans leurs contemporains des âmes dignes de les comprendre ? Nouveaux Athéniens, la vertu n'aura-t-elle chez nous que l'exil pour récompense ? — Citoyens, c'est vous qui répondrez aux prochaines élections.

Je veux, en terminant, exprimer un regret. Comment se fait-il que tant de gens haut placés ne m'aient pas prévenu dans la tâche que j'ai entreprise avec bonheur et dont je m'honore ? Je ne peux m'ex-

pliquér leur silence que par l'excès même de cette simplicité, de ce patriotisme sincère, profond, plein d'abnégation qui caractérise les fils d'Orléans. Auront-ils sup-
plié leurs amis de ne pas jeter leurs noms dans la four-
naise politique? Ce vœu, sans doute, eût été un ordre
pour leurs familiers; mais je l'ignore, et dans les rangs
obscures du peuple où le sort m'a placé, je ne suis do-
miné par aucune préoccupation personnelle; je ne
vois ici qu'une question de justice et de dignité nationale, et c'est pour cela que j'élève la voix pour ouvrir
les yeux du Peuple et le provoquer à la réparation
d'une révoltante iniquité. Mais si, recherchant la véri-
table cause de l'iniative qui m'est abandonnée, je devais
la trouver dans cette placidité, dans ce libre arbitre,
dans cette indépendance, divin héritage qui n'appar-
tient qu'à l'homme qui n'a ni honneurs ni fortune à
compromettre ou à perdre; si je devais ma franchise
à ma pauvreté, ah! je bénirai le ciel de mon partage:
mieux vaut une conscience pure et libre que tous les
biens de la terre.

Amis, je vous livre ma pensée; jugez-la.

— Si vous la partagez, si vous reconnaissez avec moi
que la justice et l'honneur nous font une loi sévère de
donner aux citoyens, frappés par le décret du 24 mai,
une preuve d'estime si méritée, concertons-nous afin
de la faire triompher pacifiquement dans les élections
prochaines.

— Si, trahie par ma faiblesse, elle est impuissante à
vous convaincre, jetez-la aux vents. Peut-être un faible écho franchissant les distances, reportera jusqu'à
des cœurs amis le murmure d'une sympathie qu'une
vaine et longue attente pourra rendre précieuse à leur
infortune.

Imp. de Mme de Lacombe, r. d'Enghien, 12.